très facile

assez facile

pour pâtissier habile

Remerciements à l'équipe de la pâtisserie Colson de Mons

www.casterman.com

D'après les personnages créés par Gilbert Delahaye
et Marcel Marlier / Léaucour Création.

Déposé au ministère de la Justice, Paris (loi n°49.956
du 16 juillet 1949 sur les publications destinées à la jeunesse).
Dépôt légal : Août 2004.D.2004/0053/161
Imprimé en Belgique par Proost

le "sucré salé" avec

martine

D'après les albums de Gilbert Delahaye et Marcel Marlier

Textes et recettes de Hubert Colson
illustrées par Nadette Charlet

casterman

Am stram gram Fête des crêpes
Un, deux, trois, soleil ! Valsant dans la poêle
Un, deux, trois, merveilles ! Crêpes de Chandeleur
Soleils porte-bonheur. Miam miam miam

Sais-tu que **la chandeleur** est la fête des lumières ? À l'origine, c'était une fête païenne de l'époque des Romains. Un dicton dit : "À la chandeleur, l'hiver est à sa dernière heure". C'est le jour des crêpes : on essaye de faire sauter la crêpe d'une main en tenant une pièce dans l'autre. La réussite de cet exercice périlleux assure, dit-on, une année prospère et heureuse.

Les crêpes de la chandeleur

Matériel

– 2 grands bols + 1 petit
– Une crêpière
– Un fouet ou un batteur électrique
– Un poêlon
– Une cuillère en bois

Ingrédients

– 200 g de farine
– 4 œufs
– 60 cl de lait
– 50 g de beurre
– 80 g de sucre (glace, poudre, cassonade)
– 1/2 gousse de vanille
– Une pincée de sel

Préparation

1. Casse les œufs en séparant les blancs des jaunes (clarifie-les).

2. Verse la farine et le sel dans un grand bol. Fais un puits au centre, et ajoute les jaunes d'œufs et le lait. Bats l'ensemble avec le fouet et laisse reposer une heure.

3. Fais fondre le beurre dans le poêlon et verse-le en filet tout en mélangeant.

4. Bats les blancs en neige ferme et ajoute-les délicatement.

5. Beurre la poêle ou la crêpière, essuie-la avec un papier absorbant avant de commencer la cuisson.

6. Fais cuire les crêpes à feu doux, mais rappelle-toi que la pâte à crêpe doit être saisie, sinon la crêpe se déchire quand tu la retournes.

7. Sucre les crêpes dès qu'elles sont cuites avec le sucre de ton choix (glace, poudre, cassonade)

8. Tu peux également les fourrer d'une boule de glace (voir recette page 8) et les couvrir de sauce chocolat.

Am stram gram Pâles primevères sur la mousse humide. Un printemps timide, du bonheur dans l'air, mais il fait bien frais pour cette glace au lait. Miam miam miam miam

Sais-tu que **la vanille** est le fruit d'une fleur magnifique, l'orchidée, qui ressemble à un haricot brun foncé ?
À l'origine, la fleur ne poussait qu'au Mexique. C'est un insecte local qui féconde l'orchidée femelle.
Quand elle fut introduite en Europe, la fleur ne donna pas de gousse, faute de fécondation par l'insecte.
C'est un esclave réunionnais, Edmond Albius, qui découvrit le principe de la fécondation artificielle. Aujourd'hui, la fécondation de la vanille est réalisée manuellement par les "marieuses".

La glace à la vanille pour le printemps

Matériel

- 3 grands bols
- Une casserole à fond épais
- Un fouet
- Une spatule en bois
- Une sorbetière
- Un chinois
- Film alimentaire

Ingrédients

- 50 cl de lait entier
- 25 cl de crème liquide
- 6 jaunes d'œufs (les blancs serviront pour la recette de la meringue)
- 200 g de sucre en poudre
- 2 gousses de vanille

Préparation

1. Dans une casserole à fond épais, fais chauffer le lait, la crème, la moitié du sucre, les grains de gousses de vanille fendues en deux. Mélange jusqu'à ébullition. Retire du feu.

2. Clarifie les œufs (sépare les blancs des jaunes). Dans un grand bol, fouette les jaunes d'œufs avec le reste de sucre jusqu'à ce que le mélange blanchisse.

3. Incorpore le mélange lait, crème, sucre et vanille tout en continuant à fouetter.

4. Reverse le tout dans la casserole et fais chauffer à feu doux jusqu'à épaississement. Attention à ne pas laisser cuire !

5. Verse l'appareil obtenu dans un grand bol bien froid (sorti du réfrigérateur ou du congélateur) pour réduire rapidement la température.

6. Laisse reposer 30 minutes tout en remuant de temps en temps. Passe au chinois dans un autre bol bien froid. Laisse refroidir et couvre le mélange d'un film alimentaire.

7. Laisse reposer quatre heures puis turbine dans une sorbetière ou dans une turbine à glace.

8. Réserve la glace au congélateur dans des récipients hermétiques.

Am stram gram Tu as, petit démon,
accroché dans mon dos un poisson d'avril.
Je savoure un cadeau autrement subtil :
du vrai saumon ! Miam miam miam miam

Sais-tu que **la tourte** nous vient du Canada ?
À l'origine, c'est un plat québécois composé de pâte à tarte et de viande de tourte, sorte de pigeon sauvage qui a maintenant disparu. Au début du 19e siècle, ces oiseaux étaient si nombreux sur les rivières du Saint-Laurent qu'on dut les exterminer. Aujourd'hui, c'est une tarte salée composée de légumes, viande, poisson ou fromage que l'on associe dans diverses compositions.

La tourte au saumon et aux épinards pour le 1er avril

Matériel

- Une casserole
- 3 grands bols
- Un fouet
- Un moule à tourte de 6-8 personnes
- Un petit couteau
- Papier sulfurisé

Ingrédients

- 200 g de saumon frais
- 2 tranches de saumon fumé
- 400 g d'épinards
- 2 tomates
- 2 branches d'aneth frais
- 1 branche de persil
- 2 œufs
- 10 cl de lait
- 10 cl de crème fraîche
- 150 g de ricotta
- 1 fond de pâte brisée (voir p.17)
- Poivre, sel, muscade

Préparation

1. Lave et effeuille les épinards et blanchis-les 4 à 5 minutes. Égoutte-les et laisse refroidir.

2. Émonde les tomates (avec un petit couteau, enlève leur peau après les avoir plongées une minute dans l'eau bouillante puis dans l'eau froide). Découpe-les en tranches et épépine-les.

3. Fonce le moule avec la pâte brisée.

4. Dans le fond, répartis le saumon frais découpé en petits morceaux et le saumon fumé .

5. Recouvre avec les épinards et les tomates.

6. Dans un bol, bats les œufs, la crème fraîche, le lait et la ricotta, avec le fouet. Assaisonne avec le poivre, la muscade et très peu de sel.

7. Hache finement le persil et l'aneth et répartis l'ensemble sur la tourte.

8. Cuis dans le four préchauffé à 220°. Laisse environ 30 minutes. (Pose une feuille de papier sulfurisé sur la tourte en fin de cuisson pour éviter qu'elle ne se colore trop.)

La tourte peut s'accompagner d'une salade de pousse d'épinards à la vinaigrette.

Am stram gram Bonne fée des tout petits
toujours jeune et jolie Pour toi, mamie chérie,
ces belles truffes farcies
saupoudrées de mercis ! Miam miam miam

Sais-tu que **la noisette**, originaire du bassin méditerranéen, a nourri les hommes préhistoriques ?
Pour retirer la peau des noisettes (émonder), il faut les passer au grill environ dix minutes puis les frotter dans un torchon.

Les truffes au chocolat et aux noisettes pour la fête des grands-mères

Matériel truffes

- Un bain-marie
- Une poche à douille unie
- Un poêlon
- Un bol
- Une spatule

Ingrédients truffes

- 400 g de chocolat noir (60% cacao) râpé ou concassé
- 200 g de crème fraîche
- Une cuillère à café de miel
- 50 g de noisettes grillées et écrasées
- Du cacao en poudre

Matériel merinque

- Un poêlon
- Un fouet
- Un batteur électrique
- Une poche à douille
- Du papier sulfurisé

Ingrédients merinque

- 6 blancs d'œufs (voir page 8)
- 400 g de sucre en poudre
- Les grains d'une gousse de vanille

Préparation

Les truffes

1. Fais bouillir la crème fraîche et hors du feu, ajoute 250 g de chocolat. Mélange avec une spatule et quand le chocolat est complètement fondu, ajoute le miel et les noisettes.

2. Verse l'appareil dans un bol froid et fais-le refroidir sans le laisser figer. Dès qu'il commence à durcir, verse-le dans la poche à douille. Forme des tas de la grosseur d'une datte que tu fais durcir au réfrigérateur pendant au moins deux heures.

3. Fais fondre le reste du chocolat au bain-marie à feu très doux, puis retire la casserole.

4. Sors les truffes du réfrigérateur. Trempe-les une à une dans le chocolat puis roule-les dans le cacao en poudre et pose-les sur une assiette.

La meringue

1. Dans un poêlon, chauffe doucement les blancs d'œufs, les grains de vanille et le sucre, sans cesser de fouetter.

2. Quand le mélange est tiède, hors du feu, fais épaissir avec le batteur électrique.

3. Remplis la poche à douille et fais des petits tas suffisamment espacés sur la plaque de cuisson recouverte d'une feuille de papier sulfurisé.

4. Dans le four préchauffé à 100°, cuis pendant 2 heures en laissant une légère ouverture à la porte pour laisser s'échapper la vapeur.

Am stram gram Do ré mi fa sol

Sais-tu que **le citron** est originaire d'Asie ?
Grâce à sa réputation d'antidote à tous les poisons, il fut importé en Occident dès l'Antiquité gréco-romaine .
On s'en servait également comme désinfectant médical. Au 17e siècle, le jus de citron fut prescrit contre le scorbut, une grave maladie provoquée par le manque de vitamines.
De nos jours les citrons proviennent d'Italie, d'Espagne, du Portugal, de Floride…

La tarte au citron pour la fête de la musique

Matériel

- Un moule à tarte de 8 personnes
- Un presse-agrumes
- Un zesteur ou une râpe
- Un poêlon
- Un rouleau à pâtisserie
- Une fourchette
- Un chinois
- Un grand bol
- Une spatule

Ingrédients

Pour la pâte sablée :
- 125 g de farine
- 60 g de beurre
- 50 g de sucre glace
- Une pincée de sel
- Un œuf
- 50 g d'amandes en poudre

Pour la crème citron :
- Le jus de 6 citrons
- Les zestes de 5 citrons
- 250 g de sucre en poudre
- 5 œufs
- 50 g de beurre

les notes s'envolent ! Fa sol la mi do

Trompette et banjos ! Et comme partition,

une tarte au citron ! Miam miam miam miam

Préparation

La pâte sablée

1. Dans le grand bol, mélange le beurre et le sucre à l'aide de la spatule. Ajoute la farine, les amandes, l'œuf et mélange jusqu'à l'obtention d'une pâte bien ferme. Laisse reposer la pâte deux heures au réfrigérateur.

2. Avec le rouleau, abaisse la pâte sur le plan de travail fariné en formant un cercle un peu plus large que la dimension du moule. La pâte est assez fragile, donc n'appuie pas trop fort avec le rouleau et n'hésite pas à fariner généreusement le plan de travail.

3. Roule délicatement la pâte abaissée autour du rouleau et déroule-la sur le moule ; pince les bords, pique le fond avec une fourchette.

4. Réserve la tarte au réfrigérateur une heure puis enfourne-la dans le four préchauffé à 180° environ 15 minutes : elle doit être d'un blond doré. Sors-la du four et laisse-la refroidir dans le moule.

La crème citron

1. Zeste les 5 citrons avant d'en presser le jus.

2. Mets les zestes, le jus des citrons, les oeufs et le sucre dans un poêlon et fais chauffer sans cesser de mélanger avec le fouet. Attention : il ne faut pas trop battre pour éviter de rendre le mélange mousseux. Cuis "à la nappe", c'est-à-dire fais épaissir sans laisser bouillir.

3. Retire le poêlon du feu et passe au chinois. Ajoute le beurre.

4. Verse la crème citron sur le fond de tarte, elle se lisse toute seule.

5. Laisse refroidir avant de déguster.

Am stram gram Il fait beau, c'est fin juin

C'est midi, il fait faim, c[illegible] [illegible]appe[illegible] au pré

Vite, vite, le panier ! Place au hors-d'œuvre fétiche :

L'appétissante quiche ! Miam miam miam

Sais-tu que **le saumon** est un gros poisson à chair rose que l'on mange frais ou fumé ?
Nés en rivière, les jeunes saumons séjournent environ deux ans dans les eaux douces puis descendent les cours d'eau jusqu'à la mer. Après plusieurs années, devenus adultes, ils remontent les fleuves à contre-courant, très courageusement, sautant par-dessus les cascades, gagnant chaque mètre par un effort soutenu. Cet ultime effort les amène jusqu'à la source où ils sont nés, pour y pondre leurs œufs… s'ils ne sont pas pêchés avant d'avoir atteint leur but !

La quiche au saumon fumé ou au jambon pour le pique-nique

Matériel

– Deux grands bols
– Un moule à quiche de 8 personnes
– Une fourchette
– Un fouet
– Un rouleau à pâtisserie

Ingrédients

– 10 cl de crème liquide
– 15 cl de lait
– 150 g de saumon fumé ou de jambon
– Poivre, noix de muscade, aneth en branche et ciboulette
– 2 œufs
– 50 g de gruyère râpé

Pour la pâte brisée :

– 200 g de farine
– 100 g de beurre
– 4 cl d'eau froide
– Une pincée de sel

Préparation

La pâte brisée

1. Mélange le beurre, le sel, l'eau froide et la farine, en malaxant le moins possible, jusqu'à l'obtention d'une pâte homogène. Réserve au réfrigérateur une heure.

2. Farine le plan de travail et fais une abaisse correspondant à la taille du moule.

3. Beurre le moule, fonce-le et pique le fond avec une fourchette.

3. Dans un grand bol, bats les œufs, la crème, le lait, et assaisonne (poivre, muscade et très peu de sel).

4. Verse l'appareil sur la quiche.

5. Cuis dans le four préchauffé à 220° pendant 30 à 40 minutes. Surveille la cuisson et pose éventuellement une feuille de papier sulfurisé sur la quiche en fin de cuisson, afin de lui conserver sa couleur blond doré.

La garniture

1. Dispose les tranches de saumon fumé ou de jambon sur le fond de la quiche.

2. Hache finement la branche d'aneth et la ciboulette. Répartis sur le saumon ou le jambon et parsème de gruyère râpé.

Am stram gram Il fait si beau.

Sais-tu que **le bananier,** malgré sa haute taille, n'est pas un arbre mais une plante herbacée ?
Son tronc est un ensemble de feuilles imbriquées.
Les fleurs se transforment en une grosse grappe de fruits appelée régime. Chaque régime peut compter plus de deux cents bananes dressées la pointe en l'air.
La banane est le fruit le plus consommé dans le monde.

Sorbet banane-chocolat au coulis de fraises pour l'été

Matériel

- Un presse-citron
- Un grand bol
- Un mixer
- Une spatule
- Une casserole
- Une sorbetière ou une turbine à glace

Ingrédients

- 250 g de bananes épluchées bien mûres
- 150 g de sucre en poudre
- 1/2 verre d'eau
- 50 g de chocolat noir
- 5 cl de crème fraîche
- 1/2 jus de citron

Pour le coulis de fraises :

- 200 g de fraises
- 50 g de sucre en poudre
- Le jus d'une demi-orange

Il fait si chaud. Je me sens blet,

je me sens las... Vite un sorbet

Stratacella ! Miam miam miam

Préparation

1. Fais bouillir l'eau et le sucre dans une casserole.

2. Retire du feu et verse le sirop obtenu dans un grand bol bien froid.

3. Ajoute les bananes épluchées et coupées en morceaux, le jus de citron, la crème fraîche et mixe le tout.

4. Laisse refroidir l'appareil. Réserve deux heures au réfrigérateur.

5. Verse dans la sorbetière ou la turbine à glace et turbine (environ 20 minutes).

6. Fais fondre 50 g de chocolat noir au bain-marie que tu incorpores au sorbet. Mélange le sorbet pendant que le chocolat coule en un filet très mince de manière à marbrer la glace.

7. Dans un autre bol, mixe les fraises lavées et égouttées avec le sucre et le jus d'orange et réserve au réfrigérateur.

8. Conserve le sorbet au congélateur dans des récipients hermétiques.

Am stram gram Trop de voitures ! Halte à la dictature ! A bas la pollution ! Priorité aux piétons ! Flânons dans nos calmes ruelles en savourant des gaufres de Bruxelles. Miam miam miam

Sais-tu que les Francs sont à l'origine de **la gaufre** qu'ils appelaient "wafla" ? Wafla signifie : rayon de miel. En effet, la gaufre rappelle les alvéoles des rayons de cire des abeilles. Peut-être ces rayons de cire furent-ils les premiers moules de cette pâtisserie ?

Sais-tu que ce n'est pas à **Chantilly** mais au château de Vaux que fut servie pour la première fois la fameuse crème ? C'est le célèbre cuisinier Vatel qui en l'honneur de Louis XIV, confectionna cette crème fraîche fouettée, légère et délicate.

Gaufre de Bruxelles – crème Chantilly pour la journée sans voiture

Matériel

– Un plat creux
– Deux bols
– Un fouet
– Un batteur électrique
– Deux poêlons
– Une louche
– Un gaufrier
– Un pinceau et un peu d'huile

Ingrédients

– 250 g de farine
– 5 œufs
– 20 cl de lait
– Une pincée de sel
– 1/2 paquet de levure
– 250 g de beurre
– 125 cl de crème fraîche
– 1/2 gousse de vanille
– 3 cuillères à soupe de sucre glace

Préparation

1. Casse les œufs et sépare les blancs des jaunes dans les deux bols (clarifie-les).

2. Dans un poêlon, fais légèrement tiédir la moitié du lait dans lequel tu délayes la levure.

3. Laisse fondre le beurre dans l'autre poêlon.

4. Dans un plat, mélange intimement la farine, les jaunes d'œufs, le reste de lait, le beurre fondu, la levure délayée, une cuillère à soupe de sucre, une pincée de sel et les grains de vanille.

5. Fouette bien cette pâte pour qu'elle devienne mousseuse.

6. Bats ensuite les blancs d'œufs en neige et incorpore-les à la pâte. Pour que cette neige soit ferme, ajoute une pincée de sel dans les blancs avant de les battre.

7. Fais chauffer le gaufrier, huile-le avec le pinceau et verses-y une première louche de pâte. Referme et laisse cuire jusqu'à ce qu'elle soit d'une couleur blond doré.

8. Fouette la crème fraîche avec 3 cuillères à soupe de sucre glace dans un grand bol bien frais. Sers-la avec la gaufre chaude parsemée de sucre glace.

La gaufre peut aussi s'accompagner de glace vanille, de sorbet, de sauce chocolat ou de coulis de fraises.

Am stram gram Le vent emporte les feuilles mortes. Derniers atours, derniers beaux jours… Un arrière-goût de nostalgie dans la bonne tarte de tante Lucie. Miam miam miam

Sais-tu que **la pomme** est cultivée depuis l'Antiquité ? La Bible raconte qu'Adam et Eve furent chassés du Paradis pour l'avoir croquée.
C'est un fruit des régions tempérées. On la trouve toute l'année, mais elle est plus goutteuse à la fin de l'été et en automne. Riche en vitamines et en sels minéraux, la pomme se consomme crue, cuite ou en jus. Parmi les variétés les plus connues, on trouve la Boskoop, la Golden, la Reinette ou la Granny Smith qui, originaire d'Australie, est cultivée aujourd'hui partout dans le monde.

Tarte aux pommes de Tante Lucie pour l'automne

Matériel

– Un moule à tarte de 6 personnes
– Un grand bol
– Un fouet
– Une cuillère à soupe
– Une cuillère à café
– Un petit couteau

Ingrédients

Pour la pâte levée
– 125 g de farine
– 50 g de beurre
– 10 g de levure
– 50 cl de lait
– 1 œuf
– 1 cuillère à soupe de sucre glace
– 1/2 cuillère à café de sel
– 10 cl de crème fraîche

Pour la garniture
– 2 œufs – 6 cuillères à soupe de cassonade
– 2 pommes

Préparation

La pâte levée

Avec les ingrédients ci-contre, prépare la pâte levée en procédant de la même manière que pour la pâte à kouglof (page 29).
Cette préparation sert pour les fonds de toutes les tartes aux fruits.

La garniture

1. Fonce le moule à tarte préalablement beurré avec la pâte levée.

2. Répartis 6 cuillères à soupe de cassonade blonde ou brune dans le fond.

3. Pose des lamelles de pommes épluchées et épépinées sur la cassonade.

4. Dans un bol, casse deux œufs et bats-les avec 10 cl de crème fraîche.

5. Répartis cet appareil sur les pommes et fais cuire dans le four préchauffé à 200° pendant environ 30 minutes.

Am stram gram Pour la visite de nos glorieux sites : musées, châteaux, trésors, archives... Emporte dans ton sac à dos ce gros cake aux olives. Miam miam miam

Sais-tu que **l'olivier** fait partie de la culture méditerranéenne ? Il peut atteindre des records de longévité : trois mille ans pour certaines espèces. Son fruit, l'olive, d'abord verte et lisse, devient à maturité noire et plissée.
L'huile d'olive s'obtient par pression : l'huile vierge ou de première pression à froid, s'obtient par la dissociation de l'huile et de l'eau contenues dans l'olive ; l'huile remonte à la surface puis est filtrée.

Le cake au poulet et aux olives pour la journée du patrimoine

Matériel

– Un grand bol
– Un fouet
– Un grand moule à cake ou 10 petits moules (flexipan)
– Une petite poêle
– Un tamis
– Un petit couteau

Ingrédients

– 100 g de blanc de poulet cru
– 1 cuillère à café de curry
– 1 pincée de poivre
– 1 cuillère à soupe d'huile d'olive
– 1 cuillère à soupe de moutarde
– 1 cuillère à soupe de persil haché
– 60 g de beurre ramolli
– 2 œufs
– 5 cl de lait
– 50 g de gruyère râpé
– Quelques olives vertes
– 100 g de farine
– 10 g de levure chimique

Préparation

1. Coupe les blancs de poulet en petits dés et fais-les colorer dans la poêle avec une cuillère à soupe d'huile d'olive. Ajoute la cuillère à café de curry.
Laisse refroidir.

2. Dans un grand bol, bats les œufs avec le lait. Ajoute le sel et le poivre.

3. Incorpore la moutarde, le persil, le beurre en pommade, le gruyère râpé, les olives vertes coupées en petits cubes et le poulet.

4. Mélange la farine et la levure chimique, tamise-les et ajoute-les délicatement aux autres ingrédients.

5. Verse l'appareil dans le moule à cake beurré ou dans des moules individuels.

6. Mets dans le four préchauffé à 180° et laisse cuire environ 30 minutes.

7. Démoule dès que la cuisson est terminée.

Am stram gram Ni aumônes ni pitié, rien que notre amitié ! Pas d'humeur chagrine, c'est la fête à la cuisine Ensemble "pâtissons" la tarte du téléthon Miam miam miam miam

Sais-tu que **la frangipane** est une savoureuse crème dont la composition est à base de sucre, de beurre, d'œufs, de farine et surtout d'amandes pilées?
Cette crème et le gâteau qui en est garni ont été nommés "frangipane".
La frangipane n'a rien à voir avec le frangipanier, arbre exotique aux fleurs blanches parfois rosées et très odorantes, que les habitants des îles du Pacifique utilisent pour confectionner des colliers de bienvenue.

La tarte frangipoire à l'abricot et au miel à l'occasion du téléthon

Matériel

- Un moule à tarte de 6 personnes
- Un rouleau à pâtisserie
- Une poche à douille
- Une spatule
- Une petite casserole à fond épais
- Un pinceau alimentaire

Ingrédients

- 250 g de pâte sablée froide (voir recette page 15)
- 50 g d'amandes en poudre
- 50 g de sucre glace
- 100 g de beurre
- 1 cuillère à soupe de farine
- 1 œuf
- 3 poires bien mûres
- 4 cuillères à soupe de confiture d'abricots
- 2 cuillères à soupe de miel
- 1 cuillère à soupe d'eau
- Quelques amandes effilées

Préparation

1. Forme une abaisse de pâte sablée correspondant au moule à tarte.

2. Dans un grand bol, mélange le beurre ramolli et le sucre ; ajoute l'œuf puis les amandes en poudre et la farine. Mélange l'appareil pour le rendre homogène.

3. Remplis la poche à douille de cette frangipane et étale-la dans le fond de la tarte.

4. Épluche les poires, épépine-les et découpe-les en fines lamelles que tu déposes sur la frangipane en formant une hélice.

5. Cuis cette frangipoire pendant environ 30 minutes dans le four préchauffé à 180°.

6. Dans une petite casserole, fais chauffer la confiture d'abricots, le miel et une cuillère à soupe d'eau. Laisse réduire à feu doux.

7. Lorsque la frangipoire est refroidie, lustre-la avec la confiture d'abricots.

8. Tu peux parsemer le bord de sucre glace et le centre de quelques amandes effilées.

Tu peux remplacer la confiture d'abricots par de la meringue (voir recette page 13), répartie sur la tarte avec une spatule et passée sous le grill pour la rendre croquante et dorée.

Am stram gram Froidure
Morsure Engelure
Gerçure Pour éviter la catastrophe,
mange donc du kouglof ! miam miam miam

Sais-tu que le **kouglof** est originaire de Pologne ? C'est Stanislas Leczinski, roi de Pologne, qui l'introduisit en France lorsqu'il devint le beau-père de Louis XV et gouverneur de Lorraine.
Le kouglof dut attendre pour être "lancé" que Versailles n'ait d'yeux que pour Marie-Antoinette d'abord dauphine puis reine de France.
Elle aimait à se faire servir au petit déjeuner du kouglof avec son café au lait.

Le kouglof pour l'hiver

Matériel

- Un grand moule à kouglof ou deux petits
- Un pinceau pour beurrer les moules

Ingrédients

- 250 g de farine
- 1 cuillère à café de sel
- 2 cuillères à soupe de sucre glace
- 1/2 paquet de levure fraîche
- 125 g de beurre
- 10 cl de lait (1/2 verre)
- 2 œufs
- 125 g de raisins
- Quelques amandes effilées
- 50 g de sucre perlé

Préparation

1. Fais une fontaine avec au centre, la farine, la levure émiettée, le lait, les œufs. À droite, le sel et le sucre et à gauche le beurre.

2. Délaye la levure dans le lait avec les œufs. Ajoute le beurre et rassemble le tout en travaillant la pâte jusqu'à ce qu'elle devienne lisse et homogène.

3. Couvre la pâte et laisse lever environ 30 minutes.

4. Ajoute les raisins et le sucre perlé et pétris une seconde fois la pâte de manière à bien répartir les raisins et le sucre.

5. Mets la pâte au réfrigérateur jusqu'au lendemain.

6. Garnis le moule à kouglof préalablement beurré.

7. Laisse lever jusqu'à ce que la pâte double de volume, puis mets dans le four préchauffé à 200°.
Cuis pendant 30 à 40 minutes

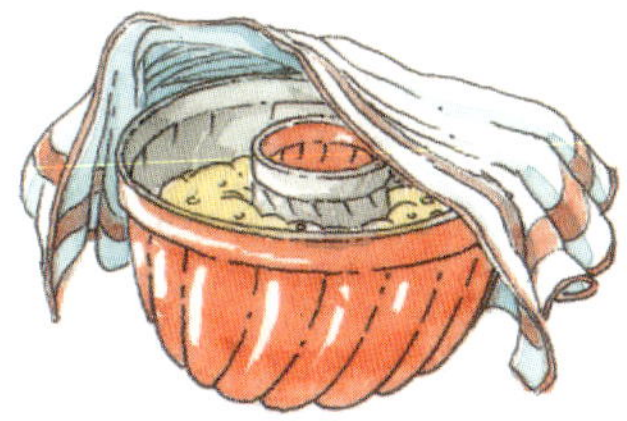

8. Démoule le kouglof et pose-le sur une grille.

NB. Pour la version salée : remplace les raisins et le sucre perlé par des cerneaux de noix, du canard ou du jambon fumé, et procède de la même manière. On sert le kouglof salé avec l'apéritif mais il peut aussi accompagner le plateau de fromages.

Pour en savoir plus...

1. Abaisse : c'est la pâte amincie sous le rouleau
2. Abaisser : c'est étendre la pâte sur le plan de travail avec le rouleau à pâtisserie.
3. Appareil : c'est le mélange de plusieurs ingrédients.
4. Bain-marie : c'est le récipient contenant de l'eau chaude dans lequel on met un autre récipient que l'on veut faire chauffer ou garder au chaud.
5. Beurre en pommade : légèrement mou, comme une pommade.
6. Beurrer le moule : c'est l'enduire de beurre ramolli.
7. Blanchir : signifie travailler ensemble en fouettant sucre et jaune d'œuf ou sucre et beurre.
8. Chinois : c'est un filtre conique utilisé pour éliminer certains résidus.
9. Clarifier : c'est séparer le jaune du blanc de l'œuf, c'est aussi séparer le petit lait du beurre en le chauffant et en le fouettant.
10. Concasser : c'est hacher grossièrement.
11. Cuire à la nappe : c'est faire épaissir un mélange de manière à ce qu'il "nappe" la cuillère.
12. Dessécher : c'est travailler une pâte à la spatule en la chauffant.
13. Dorer : c'est enduire d'œuf battu.
14. Émonder : une amande, une noisette c'est retirer la peau qui la recouvre.
15. Épépiner : c'est enlever les pépins.
16. Foncer un moule : c'est garnir un moule de pâte.
17. Réserver : c'est mettre de côté en attente.
18. Ruban : s'obtient quand le mélange soulevé avec la spatule forme une bande lisse.
19. Zester : c'est retirer de fines particules de l'écorce d'un agrume à l'aide d'un zesteur sans entamer la peau blanche qui est très amère.

Le sucre

1. La cassonade s'appelle aussi sucre brun ou vergeoise. Elle se présente sous un aspect clair ou foncé.
Elle est extraite de la betterave. C'est un sucre qui n'a été raffiné qu'une seule fois.

2. Le sucre candi est un sucre de canne cristallisé.

3. Le sucre semoule s'appelle aussi sucre en poudre.

4. Le sucre impalpable, ou sucre glace, contient 3% d'amidon.

5. Le sucre perlé est un sucre à gros cristaux de la grosseur d'une perle. On l'appelle aussi sucre décoratif.

6. Le miel peut remplacer avantageusement le sucre : sa saveur dépend de la fleur butinée par l'abeille (miel d'acacia, de lavande, de mille fleurs...).

Conseils

1. Avant de faire la cuisine, il faut toujours se laver soigneusement les mains.

2. Mets un tablier et accroche un torchon propre pour t'essuyer les mains.

3. Si tu utilises des fruits ou des légumes frais, lave-les et essuie-les soigneusement.

4. N'oublie pas de beurrer et de fariner les moules s'ils ne sont pas antiadhésifs.

5. Si tu fais bouillir le lait, surveille-le attentivement.

Quantités comparées

Aliments	Cuillère à soupe bombée	Cuillère à soupe rase	Cuillère à café bombée
farine	25 g	15 g	–
sel fin	–	–	10 g
sucre	25 g	15 g	5 g

Sommaire

Les crêpes de la chandeleur	6-7
La glace à la vanille pour le printemps	8-9
La tourte au saumon et aux épinards pour le 1er avril	10-11
Les truffes au chocolat et aux noisettes pour la fête des grands-mères	12-13
La tarte au citron pour la fête de la musique	14-15
La quiche au saumon fumé ou au jambon pour le pique-nique	16-17
Sorbet banane-chocolat au coulis de fraises pour l'été	18-19
Gaufre de Bruxelles – crème Chantilly pour la journée sans voiture	20-21
Tarte aux pommes de Tante Lucie pour l'automne	22-23
Le cake au poulet et aux olives pour la journée du patrimoine	24-25
La tarte frangipoire à l'abricot et au miel à l'occasion du téléthon	26-27
Le kouglof pour l'hiver	28-29
Pour en savoir plus...	30
Le sucre - Conseils	31
Quantités comparées	32